Anni Kolvenbach

Von den ALPEN bis zur KÜSTE

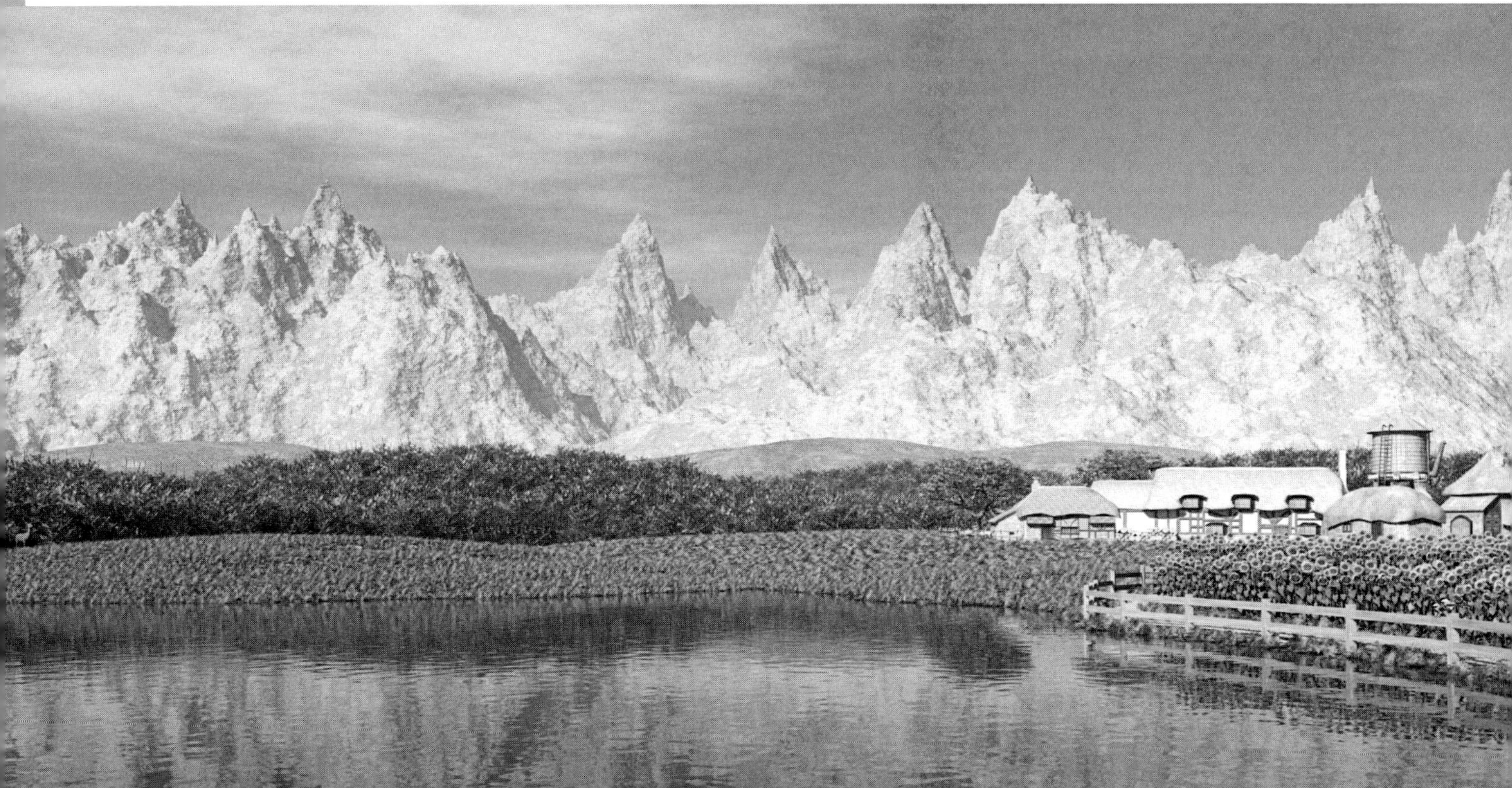

1 2 3

Erdkunde

www.kohlverlag.de

Von den ALPEN bis zur KÜSTE

... aus der Reihe: Inklusion KONKRET

1. Auflage 2021

Inhalt: Anni Kolvenbach
Coverbild: © Peter Kirschner - AdobeStock.com
Redaktion: Kohl-Verlag
Grafik & Satz: Kohl-Verlag
Druck: Druckhaus DOC GmbH, Kerpen

Bestell-Nr. 12 723

ISBN: 978-3-98558-023-1

Bildquellen © AdobeStock.com:
S.4: © TravelPOis, by-studio; **S. 5-7:** © Naoki Nishio, Snapvision, apelsishka_art, Abbies Art Shop, dariaaustiogova, Kateina, antiqueimages, donnadilanga, Erica Guilane-Nachez, NicoYellow, TravelPOIs; **S. 8-10:** © pASob, miug, Catalin; **S.14-16:** © Aliaksandr, chris2766, maxtor777, julia_lily, darknightsky, Mateusz, **S. 17-19:** © 3D Man-eu, holger-l-berlin; **S. 20-22:** © Oliver Muth, Morphart, Victoria, franz12, lcrms, singmuang; **S. 23-25:** © acrogame; **S. 26-28:** © Dana S. Rothstein, Sossi, Kateryna, by-studio, dvoriankin, arsvik, HPE; **S. 29-31:** © TravelPOis, ???
Bildquellen © wiki commons:
S. 11-13: © A. Savin, Michael Schmalenstroer; **S. 23-25:** © Klinikgruppe Enzensberg, Wolfgang Sauber

Der vorliegende Band ist eine Print-Einzellizenz

Sie wollen unsere Kopiervorlagen auch digital nutzen? Kein Problem – fast das gesamte KOHL-Sortiment ist auch sofort als PDF-Download erhältlich! Wir haben verschiedene Lizenzmodelle zur Auswahl:

	Print-Version	PDF-Einzellizenz	PDF-Schullizenz	Kombipaket Print & PDF-Einzellizenz	Kombipaket Print & PDF-Schullizenz
Unbefristete Nutzung der Materialien	x	x	x	x	x
Vervielfältigung, Weitergabe und Einsatz der Materialien im eigenen Unterricht	x	x	x	x	x
Nutzung der Materialien durch alle Lehrkräfte des Kollegiums an der lizensierten Schule			x		x
Einstellen des Materials im Intranet oder Schulserver der Institution			x		x

Die erweiterten Lizenzmodelle zu diesem Titel sind jederzeit im Online-Shop unter www.kohlverlag.de erhältlich.

Inhalt

Vorwort

Liebe Kolleginnen und Kollegen,

das Feld „Inklusion" rückt immer mehr in den Bereich der Regelschulen und gerade in den geisteswissenschaftlichen Fächern ist das Material rar. Das hat mich ermutigt, mein über Jahre gesammeltes Material neu zu sortieren und zu veröffentlichen.

DAS Kind mit einer Lernbehinderung gibt es nicht; der Grad der Lernbehinderung ist so unterschiedlich, wie die Kinder selbst.

Nur, welche Anforderungen müssen die Kinder an einer Regelschule leisten? Wie hoch darf ich meinen Anspruch „schrauben"? Wie weit muss ich in meinen Erwartungen runter gehen? Diese Fragen stellt man sich meist, wenn man ein Kind mit einer Lernbehinderung nun in einem Klassenverband der Regelschule sitzen hat.
Die Antwort ist eigentlich recht einfach: Die zu bietenden Leistungen des Kindes sind der Anspruch der Lehrer•in. Viel zentraler ist, dass die Kinder dabei sind, dass das Thema das Gleiche ist.

<u>Dazu ein kurzes Beispiel:</u> Die Klasse liest im Erdkundebuch etwas zu den Alpen. Die SuS bearbeiten die Aufgaben und übertragen ggf. Abbildungen in ihr Heft. Schon beim Lesen beginnt oft die Hürde für ein Kind mit einer Lernbehinderung. Andere können „vorlesen" und erfassen den inhaltlichen Sinn nicht, andere könnten den Inhalt erfassen, wenn der Text etwas einfacher und kürzer wäre. Aber was das Wesentliche ist: Alle Kinder beschäftigen sich mit dem gleichen Thema, nur jeder auf eine andere Art und Weise. Die hier gesetzten geografischen Angaben sind als „ungefähr" zu betrachten, da es mehr darum geht, dass die SuS mit einer Lernbehinderung zirka einteilen können, wo sich was befindet.

Da Sie die Kinder mit einer Lernbehinderung am besten beurteilen können, haben wir jedes Thema in drei Niveaustufen aufbereitet. Die Ampel signalisiert die Niveaustufen von 1 (ganz grundlegendes Niveau) bis 3 (inhaltlich selbst erfassendes Niveau).

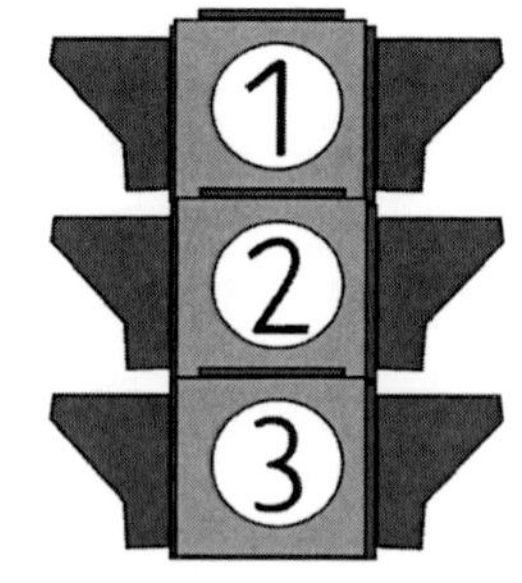

Und nun wünschen wir Ihnen viel Erfolg beim Einsatz unserer Kopiervorlagen- und Ideensammlung.

Der Kohl-Verlag und

Ihre Anni Kolvenbach

Name: ______________________________

Klasse: ______________________________

Die Alpen

Aufgabe: Vervollständige die Namen der Tiere und Pflanzen in den Alpen.

Steinadler   Enzian   Geißbock

Alpenrose   Hirsch   Edelweiß

Eisenhut   Fuchs   Murmeltier

Von den ALPEN bis zur KÜSTE ... aus der Reihe: Inklusion KONKRET – Bestell-Nr. 12 723
KOHL VERLAG

Name: ______________________________

Klasse: ______________________________

Die Alpen

Aufgabe: Verbinde.

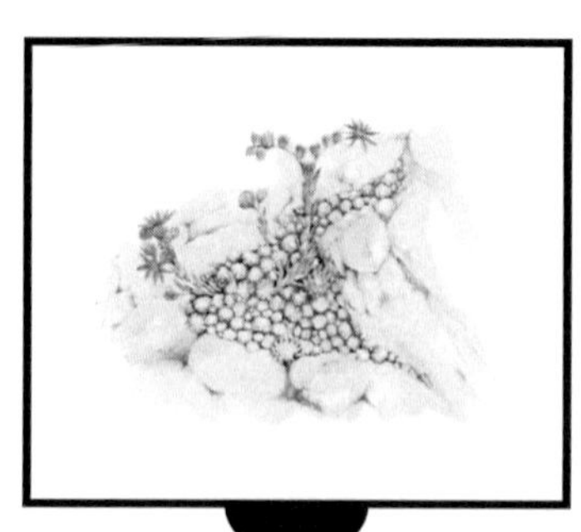

Steinadler	Enzian	Geißbock	Hirsch	
Edelweiß	Fuchs	Murmeltier	Alpenrose	Eisenhut

Name: ______________________________

Klasse: ______________________________

Die Alpen

Aufgabe: Lies den Text und fülle den Lückentext aus.

Das höchste Gebirge Europas sind die Alpen. Die Alpen gehen durch Frankreich, Italien, Schweiz, Deutschland, Liechtenstein, Österreich und Slowenien. Der höchste Berg der Alpen liegt zwischen Frankreich und Italien und er bildet auch die Grenze der beiden Länder. Dieser Berg heißt Mont Blanc, was übersetzt „Der weiße Berg" bedeutet. Die Länder Österreich und Schweiz nennt man Alpenländer, da die Hälfte aller Einwohner in Österreich in den Alpen wohnt.

Die deutschen Alpen liegen ganz im Süden von Bayern, direkt an der Grenze zu Österreich. Der höchste Berg ist die Zugspitze. Viele Leute machen Urlaub in den Alpen. Sie wandern und fahren Ski. Oftmals übernachten sie auch in einer der vielen Berghütten.

Das höchste Gebirge Europas sind die ______________. Die Alpen gehen durch Frankreich, ____________, ______________, Deutschland, Liechtenstein, ______________ und Slowenien. Der höchste Berg der Alpen heißt ______________. Die Länder Österreich und Schweiz nennt man ______________. Die deutschen Alpen liegen im Süden von ______________. Der höchste Berg der deutschen Alpen heißt ______________. Viele Leute machen in den Alpen Urlaub. Sie wandern und fahren ______________.

Alpenländer – Italien – Alpen – Schweiz – Bayern – Mont Blanc – Österreich – Zugspitze – Ski

Von den ALPEN bis zur KÜSTE ... aus der Reihe: Inklusion KONKRET – Bestell-Nr. 12 723
KOHL VERLAG

Name: ______________________________

Klasse: ______________________________

Das Dreiländereck und der Bodensee

Aufgabe: Welche Landeskugel gehört zu welchem Land? Verbinde.

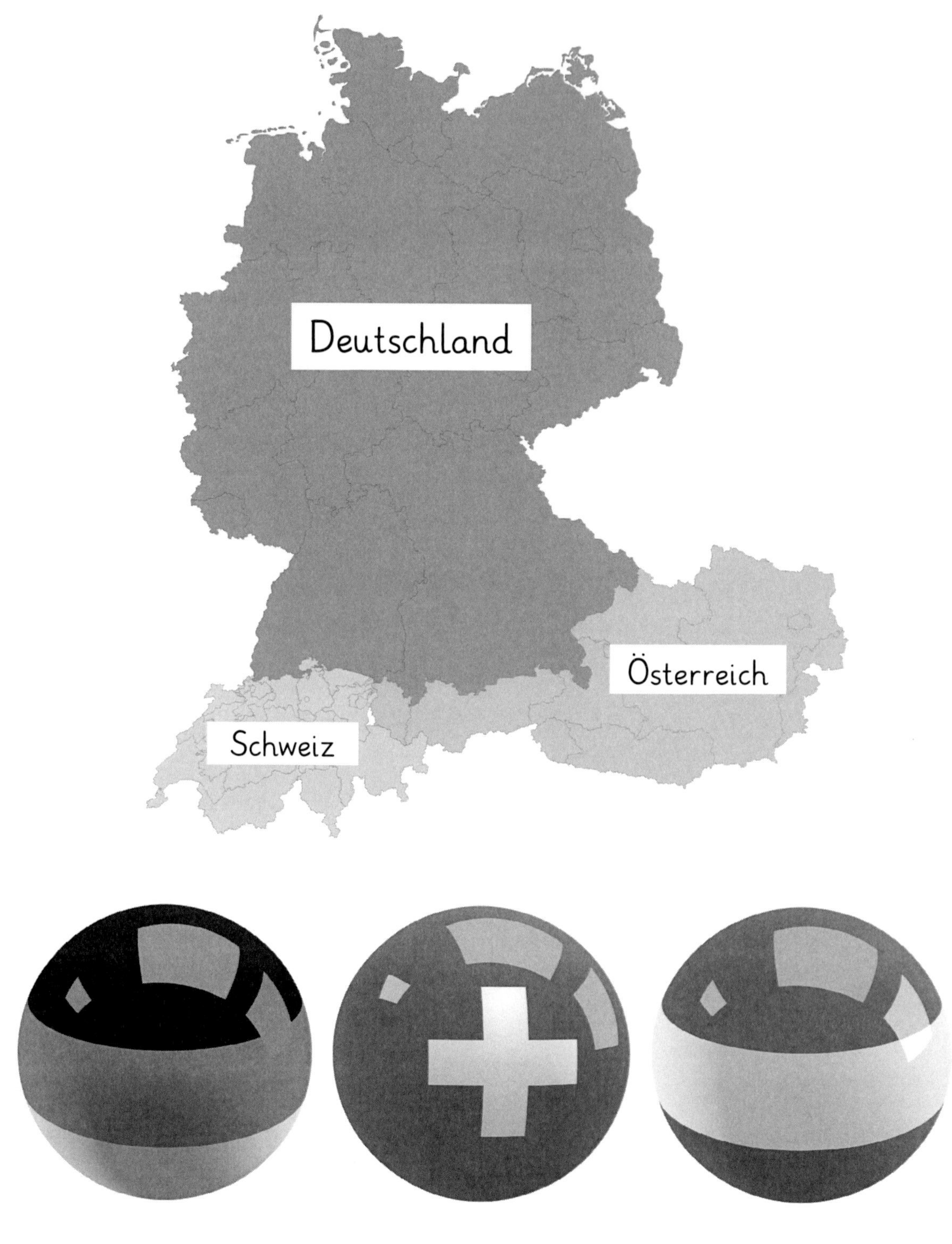

Name: ______________________________

Klasse: ______________________________

Das Dreiländereck und der Bodensee

Aufgabe: Schneide aus und ordne zu.

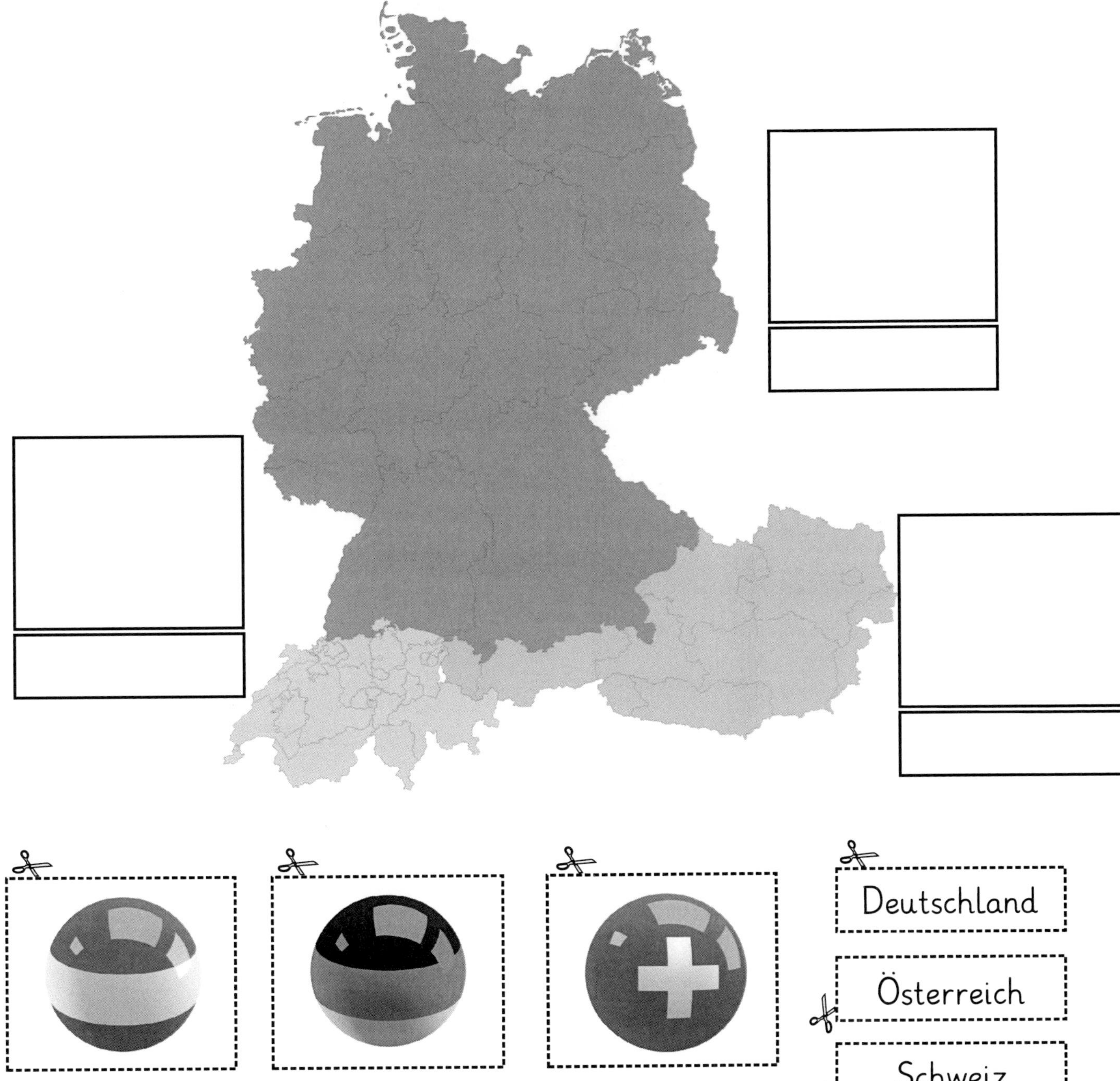

Deutschland

Österreich

Schweiz

Von den ALPEN bis zur KÜSTE
... aus der Reihe: Inklusion KONKRET – Bestell-Nr. 12 723
KOHL VERLAG

Name: ______________________________

Klasse: ______________________________

Das Dreiländereck und der Bodensee

Aufgabe: Lies den Text und fülle den Lückentext aus.

Die Länder Deutschland, Österreich und Schweiz bezeichnet man als Dreiländereck. Alle drei Länder sind mit einem großen See verbunden. Das ist der Bodensee. Der Bodensee besteht aus zwei Teilen und diese werden durch den Fluss Rhein durchquert.

Vielen Menschen machen am Bodensee Urlaub. Das Klima ist mild und daher wachsen hier gut Äpfel und Trauben. Die Trauben werden dann

zu Wein weiterverarbeitet. Auch im Bodensee schwimmen Fische, aber man hat sich nicht auf die Fischerei spezialisiert. Im Bodensee gibt es viele Inseln, wie Lindau oder Mainau. Auch viele Schlösser befinden sich dort, unter anderem das Schloss Salem.

Die Länder Deutschland, Österreich und ________________ bezeichnet man als ______________________. Alle Länder sind mit einem großen See verbunden. Dieser See heißt ____________________. Der Bodensee besteht aus _________ Teilen und wird vom Fluss ______________ durchquert. Das Klima dort ist ______________. Es wachsen hier ________________ und Trauben, die dann zu Wein verarbeitet werden. Im Bodensee gibt es viele ________________, wie die ________________ oder Mainau.

Auch viele Schlösser befinden sich am Bodensee, wie das Schloss ______________.

Inseln – Schweiz – Salem – zwei – Äpfel – Dreiländereck – Lindau – Rhein – mild – Bodensee

Name: ______________________________

Klasse: ______________________________

Deutsche Mittelgebirge

Aufgabe: Wo ist die Mitte Deutschlands? Mache einen dicken Punkt.
Das Gebiet innerhalb der Striche, wo sich auch dein Punkt befindet, sind die Mittelgebirge. Schreibe die wichtigsten Gebirge nach.

Von den ALPEN bis zur KÜSTE
... aus der Reihe: Inklusion KONKRET – Bestell-Nr. 12 723
KOHL VERLAG

Name: ______________________________

Klasse: ______________________________

2

Deutsche Mittelgebirge

Aufgabe: Verbinde.

Hunsrück

Erzgebirge

Eifel

Harz

Westerwald

Schwarzwald

Taunus

Schwäbische Alb

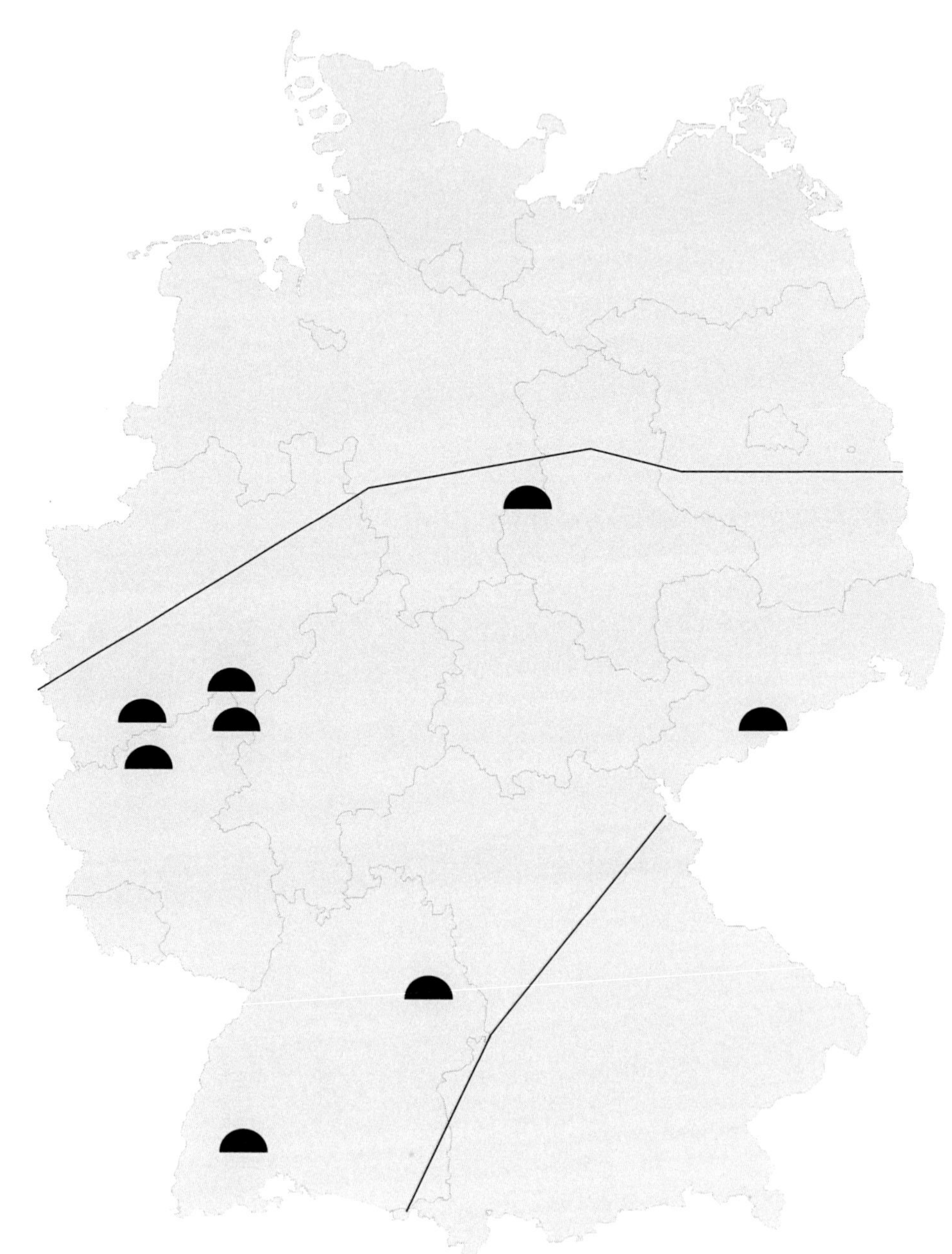

Name: ______________________________

Klasse: ______________________________

③

Deutsche Mittelgebirge

Aufgabe: Lies den Text und verbinde die Gebirge in der Karte.

Das Deutsche Mittelgebirge verläuft nicht nur durch die Mitte Deutschlands, sondern auch durch den Süden. Sie trennen das Norddeutsche Tiefland und das Süddeutsche Alpenvorland voneinander. Den Brocken im Harz kennen viele, da er auch „Blocksberg" genannt wird. Es ist einer der größten Berge im Deutschen Mittelgebirge. Dazu zählen auch der Feldberg im Schwarzwald, der Fichtelberg im Erzgebirge und auch die Schwäbische Alb hat noch Berge über 1000 m Höhe.

Hunsrück

Erzgebirge

Eifel

Harz

Westerwald

Schwarzwald

Taunus

Schwäbische Alb

Von den ALPEN bis zur KÜSTE ... aus der Reihe: Inklusion KONKRET – Bestell-Nr. 12 723
KOHL VERLAG

Name:_______________________________

Klasse:_______________________________

Der Niederrhein

Aufgabe: Male aus.

Name: ______________________________

Klasse: ______________________________

Der Niederrhein

Aufgabe: Welcher Text passt zu welchem Bild? Verbinde.

Die Stadt Düsseldorf liegt am Fluss Rhein. Die Rheinbrücken sind sehr bekannt. Auffällig ist der große Fernsehturm.

Am Niederrhein wachsen viele Weiden. Man findet sie meistens im flachen Umland an einem Fluss oder Bach.

Die Stadt Köln ist bekannt durch den Kölner Dom mit seinen zwei Türmen. Auch Köln liegt am Rhein.

Die Windmühlen findet man am Niederrhein häufig. Früher wurde hier Weizen zu Mehl gemahlen.

Von den ALPEN bis zur KÜSTE ... aus der Reihe: Inklusion KONKRET – Bestell-Nr. 12 723
KOHL VERLAG

Name: ______________________________

Klasse: ______________________________

3

Der Niederrhein

Aufgabe: Lies den Text und fülle den Lückentext aus.

Der Niederrhein ist, wie der Name es schon sagt, ein Stück des Flusses Rhein. Es ist genauergesagt das letzte Stück des Flusses, denn dann endet er in der Nordsee. Der Rhein führt an den großen Städten Düsseldorf und Köln vorbei. Die Stadt Düsseldorf hat einen hohen Fernsehturm und viele Brücken, die über den Rhein führen. Auch in Köln führen viele Brücken über den Rhein. Ganz bekannt ist der Kölner Dom mit seinen zwei Türmen. Wenn man aus den Großstädten herausfährt, so landet man in der Region Niederrhein. Dazu gehören die Städte Krefeld und Neuss. In Krefeld wurden lange Zeit Stoffe gewebt und Neuss ist eine alte Römerstadt. Man sieht im Umland viele Windmühlen und Weiden an den Flussufern.

Der Niederrhein ist das letzte Stück des Flusses ____________________. Die großen Städte, an denen der Niederrhein vorbeiführt, sind ____________________ und ____________________. Die Stadt Düsseldorf ist bekannt durch ihren ____________________. Und die Stadt Köln durch den ____________________. Dieser hat zwei ________________. Auch eine Region heißt ____________________. Dort liegen die größeren Städte ________________ und ________________. Wenn man ins Umland des Niederrheins fährt, so sieht man viele ____________________.

Köln – Türme – Rhein – Krefeld – Kölner Dom – Windmühlen – Niederrhein – Düsseldorf – Neuss

Name: ______________________________

Klasse: ______________________________

1

Das Ruhrgebiet

Aufgabe: Klara hat eine alte Postkarte von ihrem Urgoßvater gefunden. Sie wurde in Gelsenkirchen-Schalke abgeschickt. Was ist das wohl für ein Ort? Erzähle, was du auf dem Bild siehst.

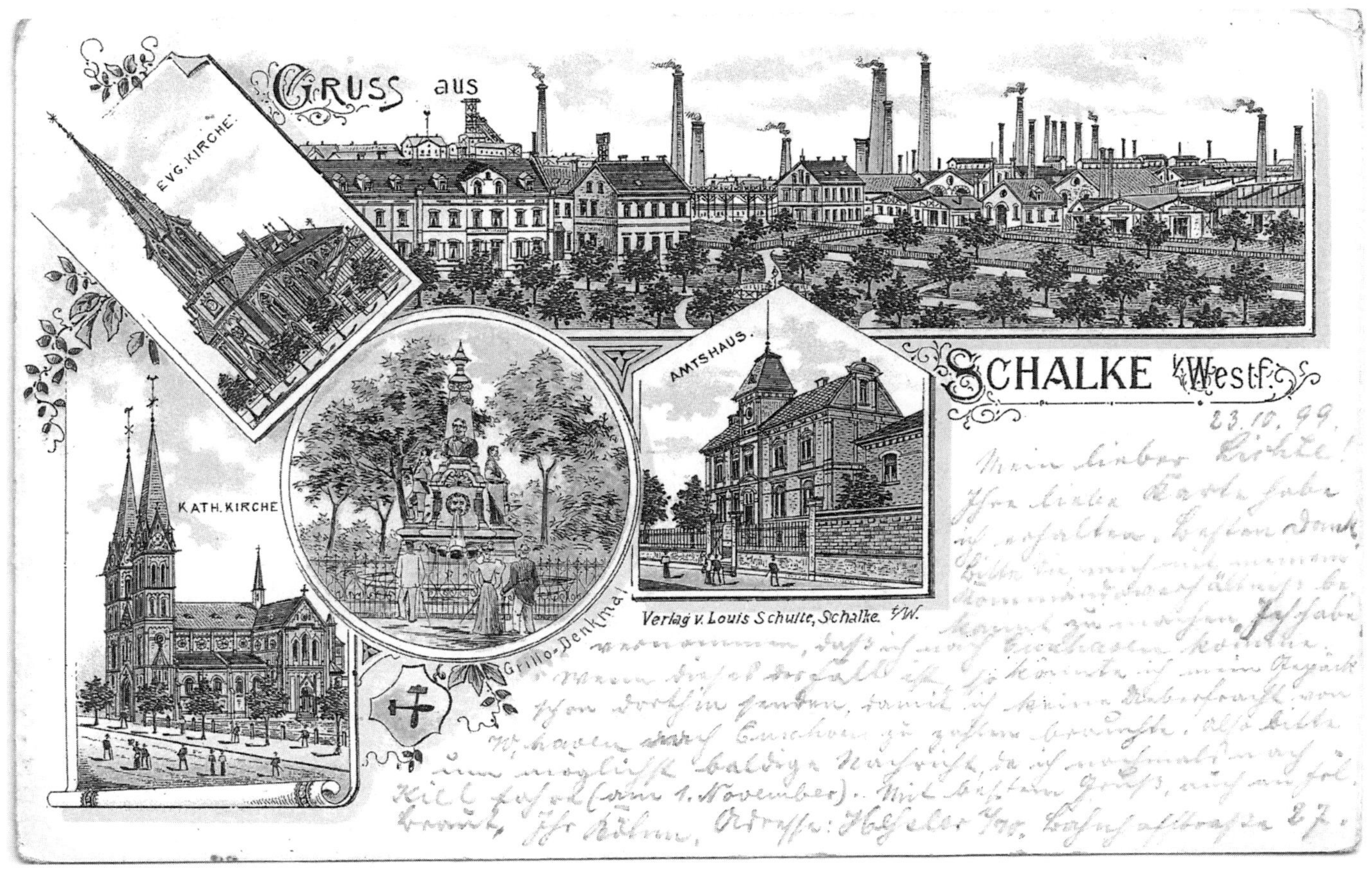

Hilfen zum Redeanlass:

- große Schornsteine, aus denen viel Qualm aufsteigt.
- es scheinen dort viele Fabriken existiert zu haben.
- vorne sieht man viele Grünflächen.
- viele alte Gebäude und Kirchen.
- eine Villa und einen Brunnen.
- viele Häuser; es scheinen dort viele Leute zu wohnen.

Von den ALPEN bis zur KÜSTE
... aus der Reihe: Inklusion KONKRET – Bestell-Nr. 12 723
KOHL VERLAG

Name: ______________________________

Klasse: ______________________________

Das Ruhrgebiet

Aufgabe: Schneide aus und puzzle.

Die Arbeitsstätte der Bergleute nannte man Zeche.

Die hohen Fördertürme holten die Steinkohle nach oben.

Viele Leute heizten früher mit Steinkohle. Diese kam aus dem Ruhrgebiet.

Von den ALPEN bis zur KÜSTE ... aus der Reihe: Inklusion KONKRET – Bestell-Nr. 12 723

KOHL VERLAG

Name: ______________________________

Klasse: ______________________________

Das Ruhrgebiet

Aufgabe: Ergänze die Lückentexte.

Im Ruhrgebiet konnte man schon früher viele ______________ sehen, aus denen der Qualm herauskam. Dies liegt daran, dass im ______________ ganz viele Fabriken sind. Die Menschen ______________ meistens ganz nah an den Fabriken.

Ruhrgebiet – Schornsteine – wohnten

Ebenso findet man im Ruhrgebiet diese hohen ______________ . Fast im gesamten Ruhrgebiet baute man Steinkohle ab. Die Bergarbeiter arbeiteten in einer ______________ . Früher nutze man sehr viel ______________ , um mit einem Ofen das Haus zu beheizen. Aber nicht nur ______________ und Fördertürme findet man in Ruhrgebiet. Auch viele alte ______________ , Brunnen und Skulpturen findet man hier. Die großen Städte des Ruhrgebiets sind ______________, Oberhausen, Gelsenkirchen und ______________. Viele dieser großen Städte haben berühmte Fußballvereine.

Bochum – Zeche – Steinkohle – Fabriken – Fördertürme – Dortmund – Gebäude

Von den ALPEN bis zur KÜSTE ... aus der Reihe: Inklusion KONKRET – Bestell-Nr. 12 723
KOHL VERLAG

Name: ______________________________

Klasse: ______________________________

Kulturstädte im Osten

Aufgabe: Male aus.

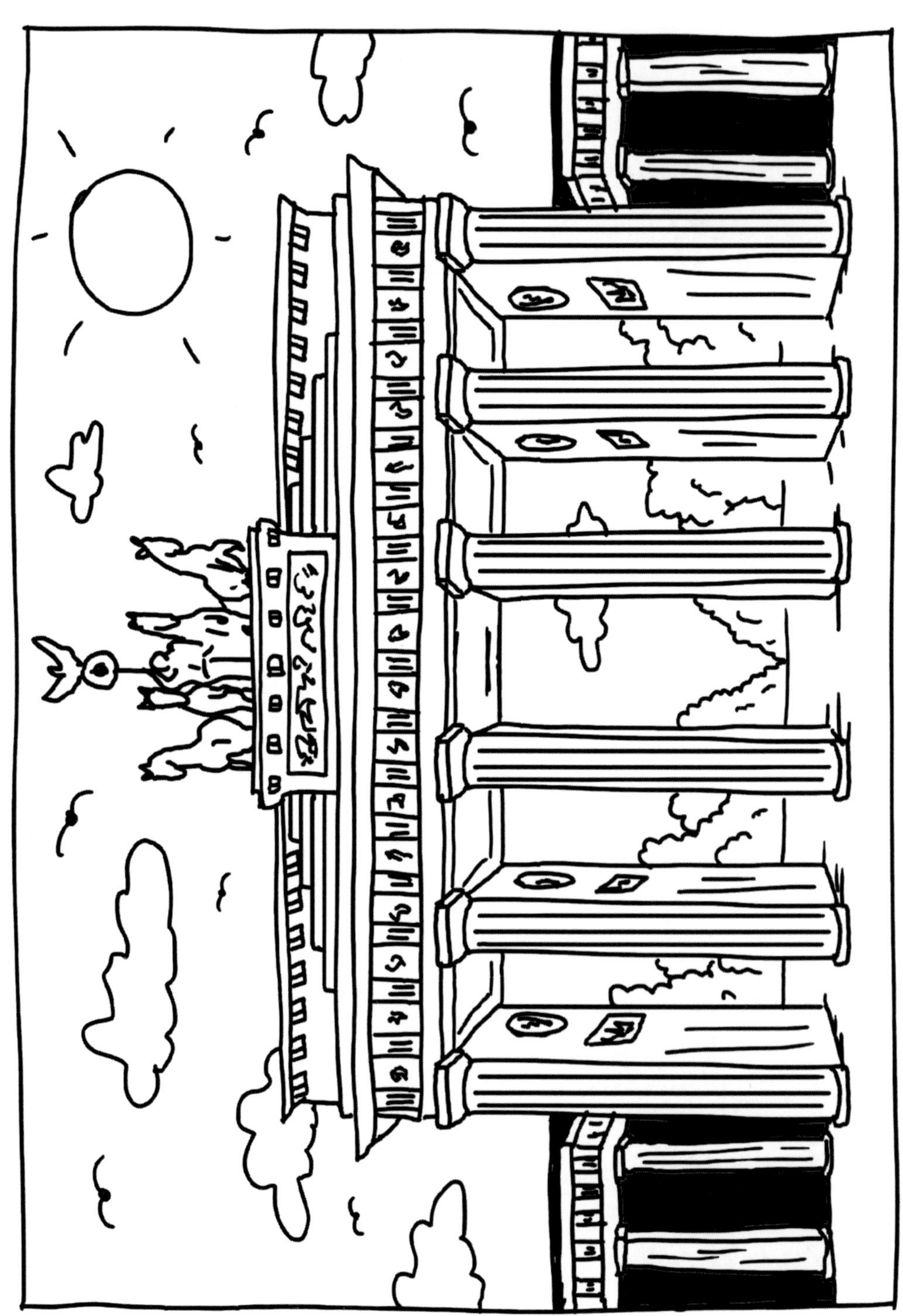

Von den ALPEN bis zur KÜSTE
... aus der Reihe: Inklusion KONKRET – Bestell-Nr. 12 723
KOHL VERLAG

Kulturstädte im Osten

Aufgabe: Verbinde.

Berlin

Erfurt

Rathaus

Schloss Sanssouci

Eisenach

Leipzig

Name: ______________________________

Klasse: ______________________________

Kulturstädte im Osten

Aufgabe: Vervollständige die Lückentexte.

Das Brandenburger ______ in Berlin ist sehr berühmt. Ganz oben ist ein Pferdegespann mit vier Pferden. Eigentlich war das Brandenburger Tor ein ____________ am Ende der Straße „Unter den Linden". Es ist das einzige Stadttor, das heute noch existiert. Es ist ein ____________.

Wahrzeichen – Tor – Stadttor

Der König Friedrich der Zweite ließ in ______________ ein prächtiges Schloss bauen. Das _____________ Sanssouci. Direkt vor dem Schloss liegt ein prächtiger _______________. Er ist riesig. Heute kann man das prächtige Schloss besichtigen.

Schloss – Garten – Potsdam

Die Wartburg in _____________ in Thüringen ist eine große ____________, die aus mehreren Gebäuden besteht. Der Name Wart kommt von dem Begriff ____________. Die Wartburg wird in vielen Geschichten und Büchern erwähnt oder spielt eine wichtige Rolle.

Burg – Wache – Eisenach

Der ______________ in Erfurt ist eine große ____________. Besonders auffällig sind die sehr großen bunten ______________, die ganze Geschichten darstellen. Auch eine mächtige ______________ ist im Erfurter Dom vorhanden.

Kirche – Dom – Fenster – Orgel

Von den ALPEN bis zur KÜSTE ... aus der Reihe: Inklusion KONKRET – Bestell-Nr. 12 723
KOHL VERLAG

Name: ______________________________

Klasse: ______________________________

Das Weserland, Bremen und Bremerhaven

Aufgabe: Schneide aus und puzzle.

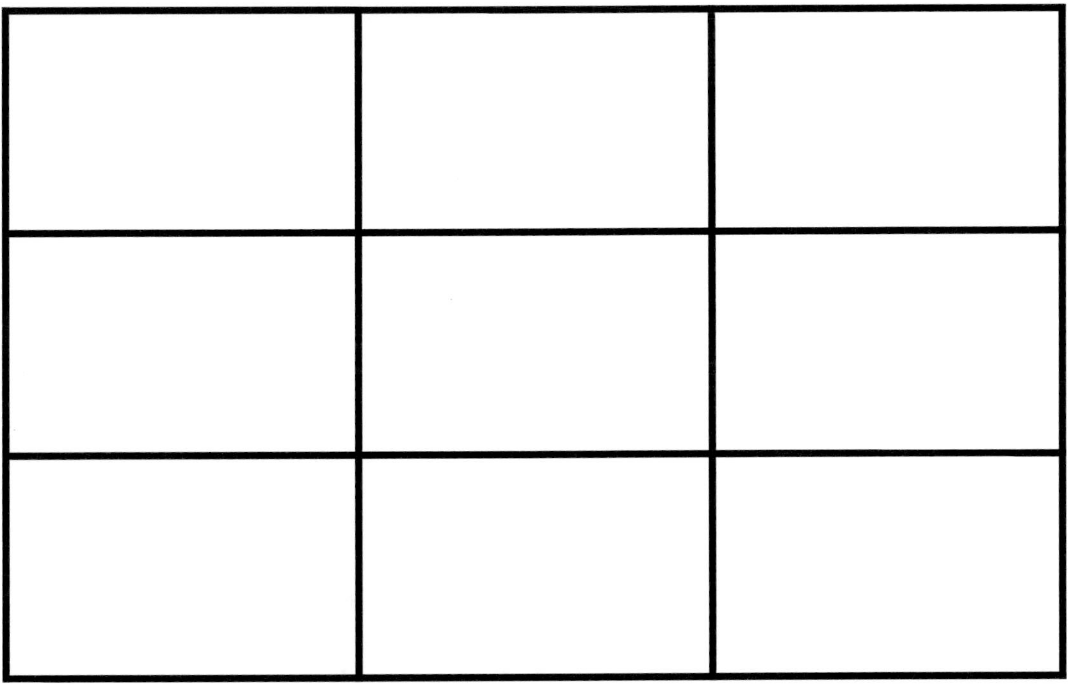

Von den ALPEN bis zur KÜSTE – Bestell-Nr. 12 723
... aus der Reihe: Inklusion KONKRET
KOHL VERLAG

Name: ______________________________

Klasse: ______________________________

Das Weserland, Bremen und Bremerhaven

Aufgabe: Verbinde, welche Aussage zu welchem Bild passt.

Im Weserland gibt es noch ein paar Berge.

Durch Bremen führt der Fluss mit dem Namen Weser.

Im Weserland gibt es Seen.

In Bremen und Bremerhaven gibt es einen Hafen.

Im Weserland sind einige Wälder.

In Bremen führt eine Brücke über den Fluss Weser.

Von den ALPEN bis zur KÜSTE – Bestell-Nr. 12 723
... aus der Reihe: Inklusion KONKRET
KOHL VERLAG

Name: ______________________________

Klasse: ______________________________

③

Das Weserland, Bremen und Bremerhaven

Aufgabe: Lies den Text und fülle den Lückentext aus.

Die Weser verläuft durch mehrere Bundesländer. Dies sind Nordrhein-Westfalen, Niedersachsen und Bremen. In Bremerhaven endet die Weser und fließt in die Nordsee. Direkt an der Weser liegt das Bundesland Bremen. Es ist aber gleichzeitig auch eine Stadt. Zu dem Bundesland Bremen gehört auch noch die Stadt Bremerhaven. In Bremerhaven ist ein großer Hafen, wo meist Autos aus der ganzen Welt ankommen und verschifft werden. In Bremen sind die meisten Kaffeeröstereien. Vor 100 Jahren gab es dort fast 250 Röstereien.

Die Weser ist ein ________________. Sie fließt durch ____________ Bundesländer. Das Bundesland ________________ hat eine Besonderheit. Es ist ein ____________ ____________ und gleichzeitig eine ________________. Zum Bundesland Bremen gehört noch die Stadt ____________________. In Bremerhaven ist ein großer ________________. Dort kommen meist ________________ aus der ganzen Welt an und werden auch in die ganze Welt verschifft. In ________________ findet man die meisten ________________________.

Bremen – Hafen – Bremen – Kaffeeröstereien – Stadt – Bremerhaven – drei – Autos – Fluss – Bundesland

Von den ALPEN bis zur KÜSTE – Bestell-Nr. 12 723
... aus der Reihe: Inklusion KONKRET
KOHL VERLAG

Name: ____________________________________

Klasse: ____________________________________

Die Nordsee

Aufgabe: Vervollständige die Namen.

Seestern Muschel Krebs

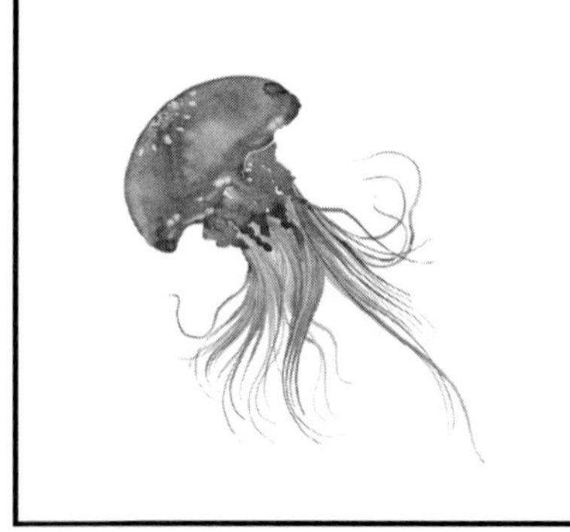

Qualle Strandgras Möwe

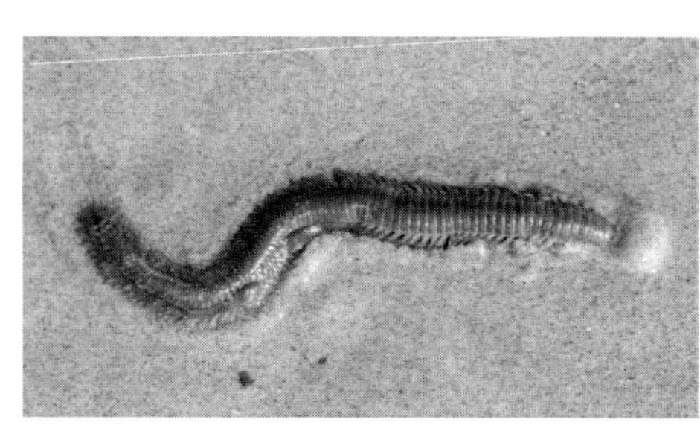

Wattwurm Seehund

Von den ALPEN bis zur KÜSTE – Bestell-Nr. 12 723
... aus der Reihe: Inklusion KONKRET
KOHL VERLAG

Name: ______________________________

Klasse: ______________________________

2

Die Nordsee

Aufgabe: Verbinde.

Qualle	Muschel	Seehund	Strandgras
Möwe	Krebs	Wattwurm	Seestern

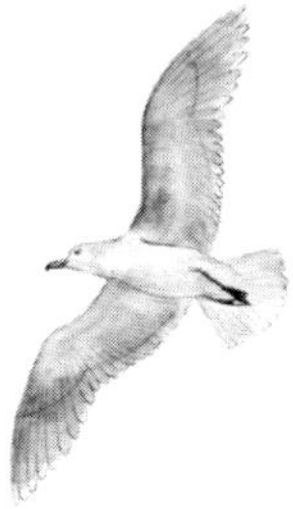

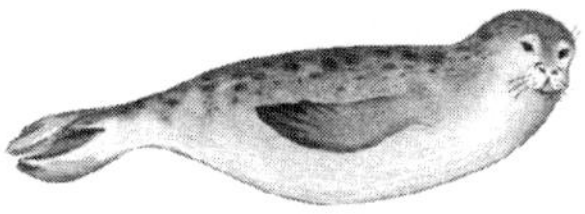

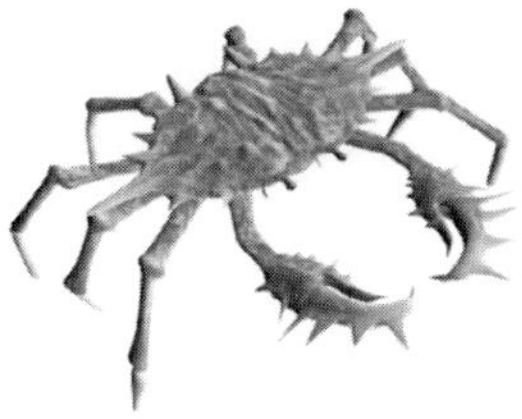

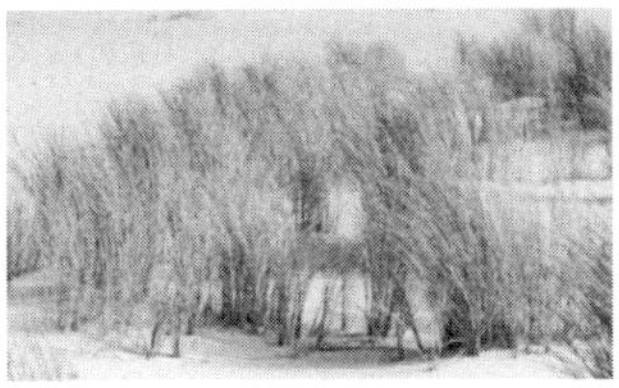

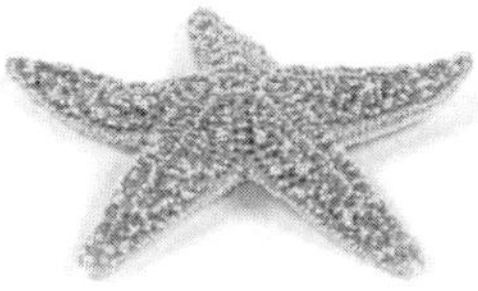

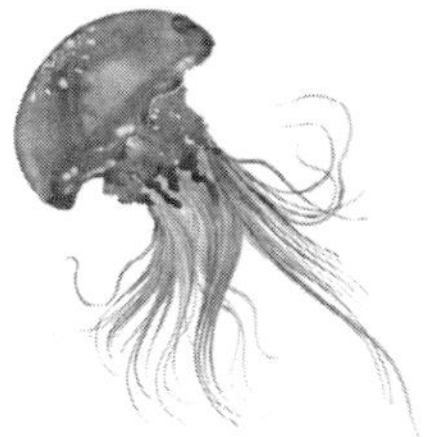

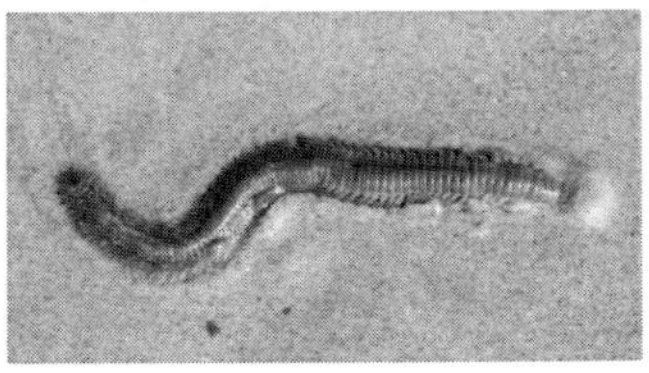

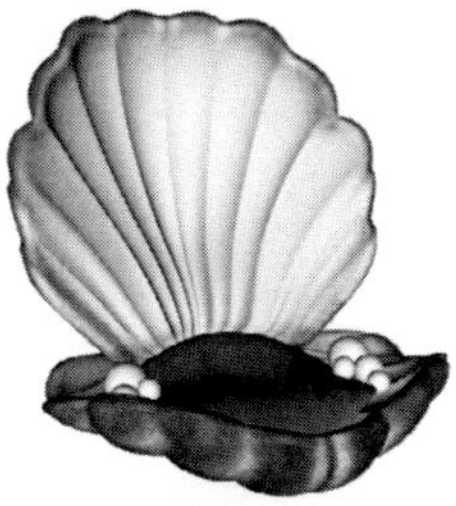

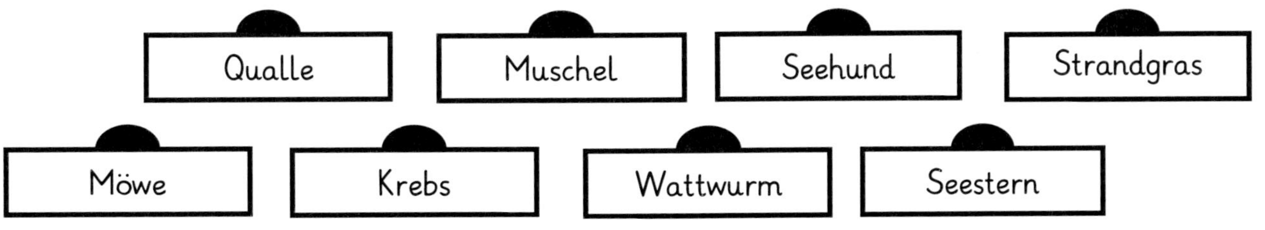

Von den ALPEN bis zur KÜSTE
... aus der Reihe: Inklusion KONKRET – Bestell-Nr. 12 723
KOHL VERLAG

Name: ______________________________

Klasse: ______________________________

3

Die Nordsee

Aufgabe: Lies den Text und fülle den Lückentext aus.

Die Nordsee gehört zum Atlantischen Ozean. Sie liegt zwischen den Ländern Deutschland, Dänemark, Norwegen, Großbritannien, Niederlande und Belgien. So viele Länder liegen an der Nordsee. Zirka alle 6 Stunden steigt das Wasser an den Stränden an und weitere 6 Stunden fällt es wieder ab. Dies nennt man Flut (wenn das Wasser steigt) und Ebbe (wenn das Wasser fällt). Bei Ebbe wird das Meer soweit zurückgezogen, dass nur noch eine graue Matsche übrigbleibt. Das nennt man das Watt. Das Wattenmeer ist auch gleichzeitig ein Heim für Seehunde. Sie leben dort, weil sie dort ungestört von Menschen sind.

Die Nordsee gehört zum Atlantischen ____________________. Sie liegt zwischen den Ländern ____________________, Dänemark, Norwegen, Großbritannien, ____________________ und Belgien. Zirka alle 6 ______________ steigt das Wasser an. das nennt man ______________. Danach flaut das Wasser für 6 Stunden ab. Das nennt man ______________. Wenn sich das Wasser bei der Ebbe zurückzieht, so bleibt ein grauer Schlamm. Dies nennt man ______________. Das Wattenmeer ist das Zuhause vieler ____________________.

Deutschland – Ebbe – Ozean – Stunden – Seehunde – Niederlande – Flut – Watt

Von den ALPEN bis zur KÜSTE – Bestell-Nr. 12 723
... aus der Reihe: Inklusion KONKRET
KOHL VERLAG

Name: ______________________________

Klasse: ______________________________

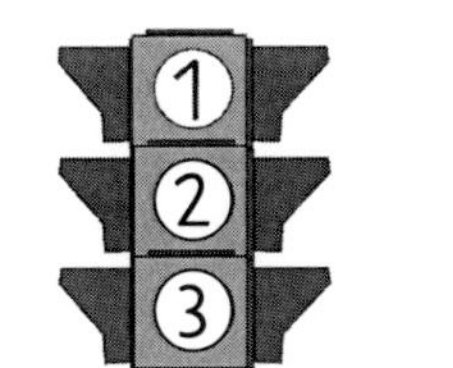

auf DIN A3 vergrößern

Deutsche Inseln

Ostsee

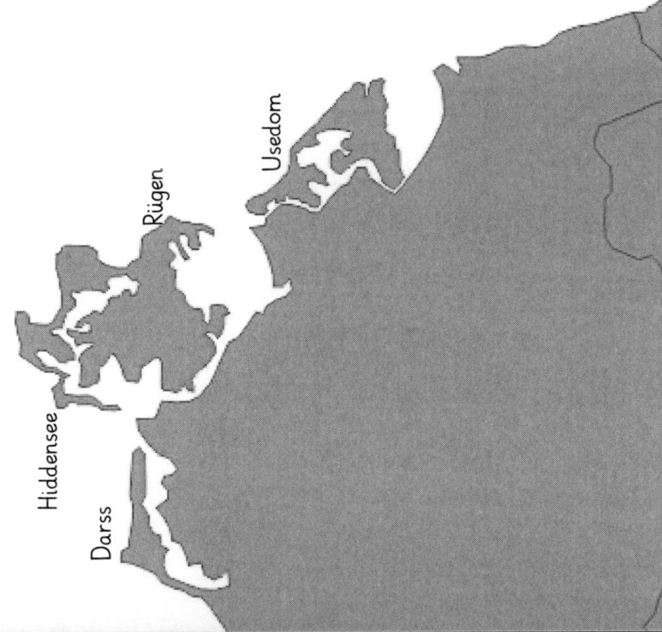

Nordsee

Von den ALPEN bis zur KÜSTE
... aus der Reihe: Inklusion KONKRET – Bestell-Nr. 12 723
KOHL VERLAG

Name:______________________________________

Klasse:_____________________________________

Deutsche Inseln

Aufgabe: Vergleiche die Inseln mit der Karte und verbinde.

Amrum

Wangerooge

Pellworm

Spiekeroog

Von den ALPEN bis zur KÜSTE
aus der Reihe: Inklusion KONKRET – Bestell-Nr. 12 723
KOHL VERLAG

Name: ___________________________________

Klasse: ___________________________________

Baltrum
Borkum
Juist
Langeoog
Norderney

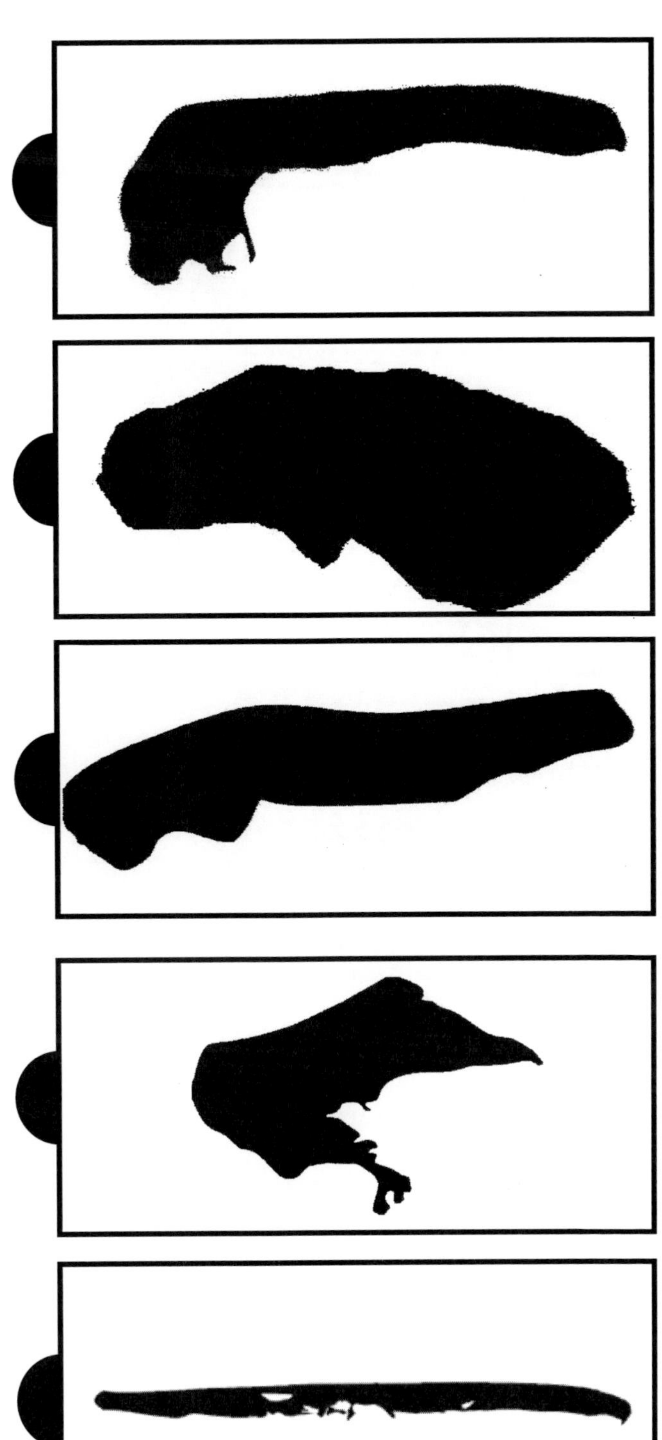

Von den ALPEN bis zur KÜSTE
... aus der Reihe: Inklusion KONKRET – Bestell-Nr. 12 723
KOHL VERLAG

Name: ______________________________

Klasse: ______________________________

Föhr

Usedom

Rügen

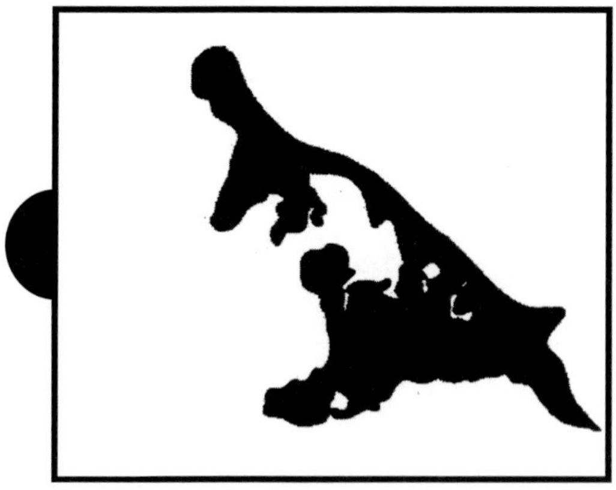

Hiddensee

Sylt

KOHL VERLAG
Von den ALPEN bis zur KÜSTE
... aus der Reihe: Inklusion KONKRET – Bestell-Nr. 12 723